MERGULHANDO
no Espírito Santo

NILCE SOUSA

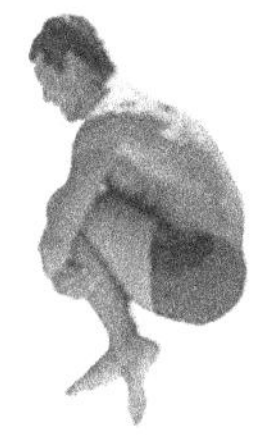

Texto e Coordenação Editorial
Nilce Sousa
Projeto Gráfico, Diagramação e Capa
Guilherme Sousa
Edição
Andréa Freire Monferrari Queiroz
Regiane Ibernon Prates
Correção e Revisão Final
Eliel Gomes
Marcio Augusto Prates
Regiane Ibernon Prates

S725m SOUSA, Nilce
      Mergulhando no Espírito Santo / Nilce Sousa –
1. ed. – Trindade-GO: MCM, 2014.
78 p.

     ISBN - 978-85-63673-71-8
     Inclui bibliografia

     1. Espírito Santo. 2. Santíssima Trindade. 3. Vida Cristã.
    4. Crescimento Espiritual. 5. Fé. 6. Maturidade. I. Título.

                           CDU: 159.962.7

Catalogação na publicação por: Onélia Silva Guimarães CRB-14/071

1ª Edição: 2014

Publicado no Brasil por: MCM Publicações
Rua Santo Antonio, 230 – Bairro Santo Onofre Cep: 75.380-000
Trindade - GO   Brasil Fone: 62 3505-7872

Este livro é o segundo de uma série composta de três obras, "Mergulhando em Deus", "Mergulhando no Espírito Santo" e "Mergulhando nos Dons Proféticos".

Neles, relato o meu crescimento pessoal e maturidade. Foram muitos anos buscando conhecer o Espírito Santo, mais e mais, a cada dia, mês e ano. Não o vejo como ministério, mas como estilo de vida. Algo que realmente move o meu coração. É como o ar que respiro. Estar sem Ele é como ficar sem um pedaço de mim mesma.

Que as páginas destes materiais possam levá-lo a querer conhecê-lo mais do que a você mesmo.

Nunca se vanglorie do que já tem do Senhor, pois Ele é um rio de águas vivas que nunca secam. Seja o que for que você tenha, ainda é pouco perto da sua dimensão.

Com carinho,

Nilce Sousa

Índice

Diria eu "Bom dia!" para quem estava comigo,
me ouvindo até adormecer?

Acordou-me na madrugada,
fazendo-me lembrar de algumas pessoas ou situações.

Quando acordei, ao falar com Ele,
logo o senti queimar em meu peito.

Sem perceber, falei com Ele o dia todo.

Agora, já é noite novamente e tenho a certeza
de que estará comigo mais essa noite.

Se tive um dia difícil e não vi do meu lado pessoas que amava,
havia uma certeza: Ele estava lá comigo.

Se tive um dia feliz e as pessoas ainda não estavam por perto,
pude senti-lo sorrindo e se alegrando comigo.

Tento encontrá-lo dentro de mim e não consigo.

Agora, já não sei mais onde Ele termina e eu começo.

Amou e perdoou em situações
que não conseguiria de mim mesma.

Agora, não posso mais ver a minha vida sem ti.

Tento ficar brava contigo e não consigo,
pois te amo acima de mim mesma.

Então, Espírito Santo!

É um presente ter a sua vida na minha vida todos os dias, tardes, noites e madrugadas (rrrrr).

Você entendeu, querido?

Te amo muito. Valeu pelos livros!

"Precisamos entender que o ministério na Terra não é "nosso através do Espírito Santo" e, sim, "do Espírito Santo através de nós"

À pessoa do Espírito Santo

"Se me amardes, guardareis os meus mandamentos. Eu rogarei ao Pai e ele vos dará outro Consolador, para que fique convosco para sempre, o Espírito da verdade, que o mundo não pode receber, porque não o vê nem o conhece; mas vós o conheceis, porque habita convosco e estará em vós. Não vos deixarei órfãos; voltarei para vós. Ainda um pouco e o mundo não me verá mais, mas vós me vereis; porque eu vivo e vós vivereis. Naquele dia, conhecereis que estou em meu Pai e vós em mim e eu em vós."

João 14:15-20

No primeiro livro desta série, falamos sobre mergulhar em Deus, usando a analogia da atividade desportiva do mergulho. No próximo, iremos abordar os dons proféticos. Porém, é impossível avançar nesse assunto sem falar da pessoa do Espírito Santo, que é a proposta da presente obra. O próprio Jesus testificava sobre o seu ministério na Terra. E, se somos seguidores de Cristo, temos que ser a imagem e semelhança dEle em tudo.

Antes de nos aprofundarmos nessa questão, precisamos entender que o ministério na Terra não é "nosso através do Espírito Santo" e, sim, "do Espírito Santo através de nós". Jesus sabia quem realmente o Espírito era, conhecia o Seu poder e a Sua autoridade. Diante desse entendimento, aprenderemos um pouco, à luz da Palavra de Deus, sobre os dons, que pertencem ao Senhor, para serem usados como Ele desejar, no momento e na hora em que Ele quiser.

"O Espírito Santo gerou Jesus na Terra..."

Capítulo 1

Cristo e o Espírito Santo

Vejamos abaixo como foi a caminhada de Jesus Cristo com o Espírito Santo na Terra.

A) Gerado pelo Espírito Santo

"Ora, o nascimento de Jesus Cristo foi assim: Estando Maria, sua mãe, desposada com José, antes de se ajuntarem, achou-se ter concebido do Espírito Santo. Então, José, seu marido, como era justo e não queria infamá-la, intentou deixá-la secretamente. E, projetando ele isso, eis que, em sonho, lhe apareceu um anjo do Senhor, dizendo: José, filho de Davi, não temas receber a Maria, sua mulher, porque o que nela está gerado é do Espírito Santo."

Mateus 1:18-20

O Espírito Santo gerou Jesus na Terra. José, seu pai, não teve participação. Por ser um homem íntegro e de caráter, este ficou em silêncio até que um anjo da parte do Senhor o visitasse e testemunhasse a verdade: Que deles nasceria aquele que iria libertar o povo do cativeiro. Naquela região, onde a mulher era apedrejada por adultério, qualquer decisão mal pensada poderia por um fim à vida de Maria.

Para aquela mulher, também não foi fácil, pois José poderia não acreditar nela, já que não existia nenhum relato na história - e não haverá - de alguém que tenha ficado grávida do Espírito Santo. Diante disso, concluímos que, com certeza, o amor, a confiança e a fé estavam fortemente presentes em seus corações. Maria cria, mesmo podendo correr risco de morte, e José a aceitou por fé.

B) Batizado pelo Espírito Santo

"E aconteceu que, como todo o povo se batizava, sendo batizado também Jesus, orando Ele, o céu se abriu e o Espírito Santo desceu sobre Ele em forma corpórea, como uma pomba; e ouviu-se uma voz do céu, que dizia: Tu és o meu Filho amado; em ti me tenho comprazido."

Lucas 3:21-22

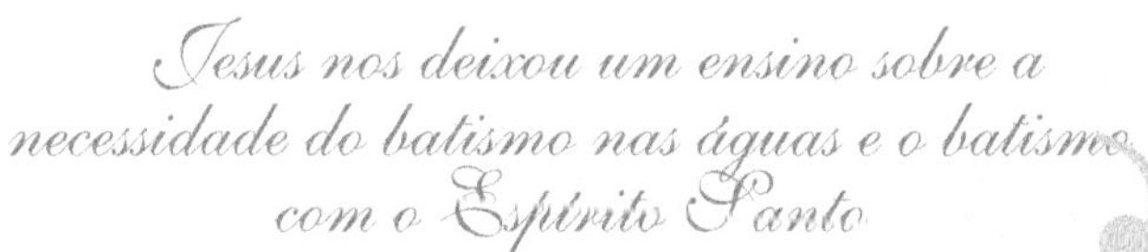

Jesus nos deixou um ensino sobre a necessidade do batismo nas águas e o batismo com o Espírito Santo. No texto acima, vemos que o Mestre foi "selado". Se existia alguém na Terra que não precisava disso era Cristo, mas, ainda assim, foi primeiro a receber essa marca. Essa condição nos ensina a não fazermos o ministério sem buscar o batismo com o Espírito. E nos mostra que precisamos dEle.

Lembro-me do dia em que o Espírito Santo me chamou para ser uma com Ele. Eu havia visitado uma igreja pequena, próxima a uma unidade do Corpo de Bombeiros. Tinha vários conhecidos lá e alguém havia me falado sobre esse ministério. Chamei minha colega de serviço, minha sobrinha e fomos.

Terminou o culto, caminhei para a porta, para irmos embora, quando o meu coração disparou. Parecia que ia sair do peito. Comecei a dar voltas sem conseguir sair do local. Os meus lábios tremeram. Fiquei toda trêmula e a minha adrenalina estava a mil. Comecei a chorar, até que fui à frente recebê-lo como meu Senhor e Salvador. Após a oração, consegui sair e fomos embora. No carro, a minha amiga me perguntou:

- Você sabe o que fez? Virou crente!

- Não conta nada para ninguém, não! Não estou entendendo nada - respondi.

Não precisou que ela dissesse, pois eu mesma comecei a falar para todos sobre o Senhor. Apaixonei-me perdidamente. Sem perceber, fui mudando as minhas vestes e a minha linguagem. Agora, as coisas do mundo me incomodavam. Queria, cada dia mais, a sua presença dentro de mim. Não o escolhi. Ele me escolheu.

O Espírito Santo decidiu me selar com a sua presença ainda no dia em que aceitei Jesus como meu Senhor e Salvador. Dali em diante, passei a não entender mais nada. A vida que eu levava não era mais a minha. Agora, era a vida dEle em mim. O mais importante era conhecê-lo. Esse passou a ser o meu estilo de vida.

Ainda tentei permanecer um pouco mais com as minhas amizades, pois essa era a minha grande preocupação: virar crente e ter que abandonar amigos e familiares. Tinha muitas dúvidas na cabeça: *"Se eles não aceitarem que eu vire crente?"*; *"Se não gostarem mais de mim?"*; *"Se eu tiver que ficar de cara feia e Deus tirar a minha alegria?"*.

Sabia que não conseguiria ficar mais sem Ele, mas o meu coração doía em pensar que teria que abandonar as pessoas que eu amava. Afinal de contas, éramos muito unidos. Não ficávamos sem nos encontrar pelo menos três a quatro dias por semana. Então, resolvi abrir mão de mim mesma e seguir ao Senhor.

> *Então, resolvi abrir mão de mim mesma e seguir ao Senhor*

Para a minha surpresa, os meus amigos começaram a visitar a igreja comigo. A minha família não teve recusa. Ao contrário, parecia que todos estavam mais perto. Continuava a sair e a brincar com os meus sobrinhos que tanto amava. Começava a vê-los me pedindo oração e me contando as suas intimidades, além das minhas irmãs, que passaram a confiar ainda mais em mim.

Um tempo depois, percebi que a confiança e a credibilidade não estavam vindo de mim e, sim, do Espírito Santo, pois eu continuava uma pessoa cheia de erros e falhas. A presença dEle na minha vida é que estava atraindo aquelas pessoas à casa de Deus.

Anteriormente, falava bastante bobagem e passei a falar muito de Jesus. Mas não acho que deixei de cometer erros na minha linguagem. Conheço um pastor na MCM (Missão Cristã Mundial), Ledilson, que costuma brincar: "Na mulher, a língua é ligada direto ao coração. Não passa pelo cérebro!" Creio que, muitas vezes, isso se aplica a mim. Sou empolgada com as coisas que faço, além de ser colérica e imperativa. Digo que sou uma avivalista e, por isso, sou barulhenta.

O Batismo com Dom de Línguas

Eu já havia sentido a presença do Espírito Santo, mas, uma semana após aquele encontro com Ele, aconteceram coisas maravilhosas. A igreja estava toda alegre, pois subiria ao monte para orar. Iriam apenas os irmãos mais antigos. Pedi para ir junto e os líderes liberaram.

Cheguei na hora marcada na porta da igreja, entramos no carro e fomos ao monte, orar. Estava maravilhada até chegar e ver que era um ponto elevado mesmo. O lugar era muito escuro, cheio de árvores e pedras. Senti muito medo, principalmente por causa dos irmãos que diziam que estavam ouvindo barulhos de demônios e vendo-os bater nas coisas.

> *Não conseguia parar quieta, batia as mãos uma na outra e fazia um barulho muito estranho na língua...*

Passou um pouco de tempo e logo entendi o motivo de não quererem que os novos convertidos fossem. Eles me acalmaram e fiquei de olhos mais fechados quando veio sobre mim uma presença especial. Não conseguia parar quieta, batia as mãos uma na outra e fazia um barulho muito estranho na língua. Não era como os irmãos estavam fazendo. Era como o som de uma cigarra ou avião. Era algo como "trishim". Na verdade, nem sei como descrever.

Fiquei assim até irmos embora. A partir dali, todas as vezes que eu começava a orar, fazia o barulho e batia palmas daquela forma. Com o tempo, foi mudando e passei a falar como os irmãos. É claro que o diabo colocava em minha mente que estava imitando os outros. Não me importei e continuei da maneira que o Senhor vinha sobre mim.

O Batismo com Fogo

"Eu vos batizo com água, para o arrependimento; mas aquele que vem depois de mim é mais poderoso do que eu, cujas sandálias não sou digno de levar. Ele vos batizará com o Espírito Santo e com fogo."

Mateus 3:11

"E apareceram, distribuídas entre eles, línguas como de fogo e pousou uma sobre cada um deles. Todos ficaram cheios do Espírito Santo e passaram a falar em outras línguas, segundo o Espírito lhes concedia que falassem."

Atos 2:3-4

Eu estava, como sempre, em uma reunião de oração na igreja em que havia me convertido e o bispo, nosso presidente, fez um comentário: "Alguém aqui para receber algo especial da parte de Deus!" Mal ele terminou de falar e senti como se alguma coisa muito forte caísse do céu sobre mim. Cai no chão no mesmo momento e senti como se uma mão estivesse embaixo do meu corpo.

O interessante foi que eu sentia fogo no meu interior, mas não queimava. Aquela chama atravessava o meu corpo todo, mas não era somente na pele e na carne. Dentro de mim, estava queimando. Assim que me fortaleci um pouco, comecei a correr e correr dentro da igreja. Não conseguia parar e ninguém se preocupava em fazê-lo.

Nada sabia sobre o "batismo com fogo" e muito menos que aquilo existia.

Nada sabia sobre o "batismo com fogo" e muito menos que aquilo existia. Tudo era novo para mim. Porém, daquele dia em diante, passei a sentir algo queimar dentro do meu peito e nas minhas mãos. Depois de um tempo, quando pastoreava os jovens e a congregação, comecei a ministrar, com base na Palavra de Deus, sobre esse assunto.

E os tímidos?

"Quanto, porém, aos tímidos, aos incrédulos, aos abomináveis, aos assassinos, aos impuros, aos feiticeiros, aos idólatras e a todos os mentirosos, a parte que lhes cabe será no lago que arde com fogo e enxofre, a saber, a segunda morte."

Apocalipse 21:8

> As pessoas mais parecem aviões, espadas, cangurus. As "ladies" perdem os sapatos de salto alto; os engravatados, a pose. Mas a sensação de paz e alegria não tem preço

Após algumas experiências, passamos a entender por que Deus diz que os tímidos não herdam o reino. No início, não é bonito e, realmente, percebemos o que é passar vergonha. Caímos muito, rodamos, batemos palmas e fazemos sons estranhos. É como se estivéssemos aprendendo a falar. As pessoas mais parecem aviões, espadas, cangurus. As "ladies" perdem os sapatos de salto alto; os engravatados, a pose. Mas a sensação de paz e alegria não tem preço. Vale a pena passar por tudo isso.

Passando vergonha

Como sempre, fomos orar no monte a noite, com um grupo grande de irmãos. Aquele dia foi especial para mim, pois, mal cheguei ao local, amoleci e fiquei deitada, orando em línguas. Senti como se uma mão estivesse envolvendo todo o meu corpo. Fiquei daquele jeito até o término da oração. Ouvia e sabia tudo o que estava acontecendo, mas estava muito mole para ficar em pé. E ninguém estava se importando comigo.

Após conseguir levantar, fomos embora. Aquela seria uma oração normal se não fosse pelas pessoas que estavam ali: juiz de direito, pro-

> *Os cargos e títulos não me influenciavam naquele momento. Nada era mais importante do que Ele para mim.*

motor de justiça, advogados, assistente social, empresários, pastores, líderes, adoradores. O cargo na presença de Deus não importa. Para Ele, todos nós somos iguais, incondicional ao que realizamos na Terra.

Não me importava se era uma empresária e pastora. Estava nas mãos do meu Pai, sentindo a Sua alegria. Os cargos e títulos não me influenciavam naquele momento. Nada era mais importante do que Ele para mim. Passando vergonha ou não, os nossos olhos têm que estar voltados ao Senhor.

Há diferentes pessoas e variadas manifestações do Espírito Santo. Deus não age da mesma maneira com todos. Alguns caem ao chão sem se mover, outros podem gritar, girar ou bater palmas. Eu mesma comecei a experimentar vários tipos de expressões. Com o tempo, fui mudando.

Esses dias, recebi um comentário que me chamou muito a atenção. Uma irmã me disse o seguinte: "Você recebe o Espírito Santo da mesma maneira que eu, quietinha!" Olhei para o meu passado e pensei que, se ela visse como era no início, não teria a mesma certeza. Não que eu retenha ou não sinta a presença dEle, mas, agora, está diferente. Não sei o motivo, mas creio que, com o tempo, vamos mudando.

C) Cheio do Espírito Santo

"Jesus, cheio do Espírito Santo, voltou do Jordão e foi guiado pelo mesmo Espírito no deserto, durante quarenta dias, sendo tentado pelo diabo. Nada comeu naqueles dias, ao fim dos quais teve fome."

Lucas 4:1-2

Pelo dicionário Michaelis, o significado de cheio é "que não pode conter mais". Com base nesse pensamento, entendemos que Jesus, quando foi levado ao deserto para ser tentado, não estava só. Estava transbordando do Espírito Santo. A Palavra de Deus declara que Cristo não podia conter mais nada dentro de Si, por estar cheio dEle.

Precisamos nos encher do Espírito Santo, como Jesus, a ponto de não caber mais nada no nosso interior. Essa deve ser a nossa posição ao sermos levados ao deserto. Não podemos estar vazios ou cheios de nós mesmos. O caminho para o deserto tem que ser com Ele. Precisamos seguir essa lição que o Mestre nos ensina.

Se estivermos vazios, corremos o risco do diabo nos encher com as suas raízes de mágoas, iras, raivas e decepções. Existe um perigo muito grande nisso. Se não estivermos transbordando do Espírito Santo, ainda vai ter lugar que caiba um pouco de nós mesmos ou do inimigo. Na Palavra de Deus, existe um versículo que nos esclarece a esse respeito. Veja:

"E, quando o espírito imundo tem saído do homem, anda por lugares áridos, buscando repouso e não o encontra. Então, diz: Voltarei para a minha casa, donde saí. E, voltando, acha-a desocupada, varrida e adornada. Então, vai e leva consigo outros sete espíritos piores do que ele; entrando, habitam ali; e são os últimos atos desse homem piores do que os primeiros."

Mateus 12:43-45

Até as leis da física podem explicar isso: dois objetos não ocupam o mesmo lugar, tal como no reino do espírito. Se priorizarmos a Deus, necessariamente, abandonaremos o mundo e vice-versa.

Até as leis da física podem explicar isso: dois objetos não ocupam o mesmo lugar, tal como no reino do espírito. Se priorizarmos a Deus, necessariamente, abandonaremos o mundo e vice-versa. Se nos aproximamos de um, iremos nos afastar do outro. Se não empenharmos tempo para irmos à igreja, ouvirmos um hino, lermos a Palavra, estaremos, sem perceber e em pouco tempo, longe do Senhor. Estaremos vazios dEle, mas cheios das coisas mundanas.

No mergulho, aprendemos que dois corpos não ocupam o mesmo espaço. Se, lá embaixo, a máscara de ar se enche de água, existe um modo de a tirarmos sem precisar ir à superfície. No caso, o equipamento é levado para trás da cabeça e o mergulhador solta o ar pelo nariz. À medida que vai enchendo, a água vai saindo.

A Bíblia também ensina sobre isso, que não podemos servir a dois senhores, pois se aborrece ou se agrada a um ou a outro (Lucas 16:13). Precisamos estar vigilantes o tempo todo. É necessário estar sedentos do Senhor.

Escrevi um livro, na série "Desafios da Águia", que ensina sobre as circunstâncias que levam uma pessoa a sair do "primeiro amor".

O nome da obra é exatamente esse, "Voltando ao Primeiro Amor" (MCM Publicações). Ao escrevê-lo, percebi que ninguém sai do amor inicial com Deus porque quer, mas porque deixa circunstâncias entrarem no seu relacionamento com Ele.

Estar vigilantes é extremamente necessário. Permanecer cheios do Espírito Santo e firmes em Cristo Jesus é fundamental. É preciso nutrir a fé, para que ela seja inabalável. Se estivermos cheios dEle, as coisas do mundo ou do diabo não caberão dentro de nós.

D) Guiado pelo Espírito Santo

"Jesus, cheio do Espírito Santo, voltou do Jordão e foi guiado pelo mesmo Espírito no deserto, durante quarenta dias, sendo tentado pelo diabo. Nada comeu naqueles dias, ao fim dos quais teve fome."

Lucas 4:1-2

...não entendemos mesmo os "porquês" quando passamos por provações

Nesse trecho, lemos que Jesus foi levado pelo Espírito Santo para ser tentado pelo diabo. Podemos não entender o porquê desse fato, mas não entendemos mesmo os "porquês" quando passamos por provações. Porém, algo fica claro: como aconteceu com o Mestre, quando somos guiados, podemos estar cientes de que as tentações foram permitidas por Deus para nos garantir a vitória. O Espírito Santo só nos levará a passar por uma tentação para que o nome do Senhor seja glorificado após ela. Não existe vitória sem prova. Se formos provados, é para sermos aprovados. Foi assim com Ele e será sempre conosco. Será o tempo da tentação e o tempo da vitória.

Não existe vitória sem prova.

"E, acabando o diabo toda a tentação, ausentou-se dele por algum tempo."

Lucas 4:13

Na primeira vez que passei pelo "Vale da Sombra da Morte", não consegui ver o Espírito Santo comigo. Naquele momento, não identifiquei Deus ao meu lado, segurando em minhas mãos ou me carregando no colo. Eu era uma criança, sem conhecimento e preparo. A revolta com o Senhor se instalou em meu coração. E ainda bem que foi com Ele e não com pessoas, pois o seu amor e a sua misericórdia me alcançaram. No livro anterior, "Mergulhando em Deus", relatei o meu testemunho.

A segunda vez que passei pelo por este "vale" foi quando estava dentro de um hospital grande em Goiânia (GO). A minha mãe havia passado por um câncer no pulmão e os seus órgãos respiratórios funcionavam apenas com 50% da capacidade. Um tratamento de radioterapia desencadeou vários outros problemas. Ela estava fraca e com a idade avançada. Eu a acompanhava em todos os procedimentos. A nossa vida era estar na capital goiana durante a semana e em Caldas Novas (GO) aos finais de semana, onde eu pastoreava uma igreja.

Aquele, realmente, era um tempo de deserto e prova de fé. Um dia, o médico veio a mim com alguns exames nas mãos e me disse que havia duas opções de procedimento clínico e que eu deveria escolher: a primeira era fazer uma ponte de safena, ou seja, retirar uma veia da perna da minha mãe, abrir o peito e colocá-la no coração, mas ela poderia não resistir à cirurgia.

A segunda era deixá-la da maneira que estava e, com certeza, também poderia morrer.

Foi um momento crucial em minha vida. Eu a havia acompa-

nhado durante todo o tratamento. Sabia que a veia do coração já estava rompida e ela estava muito fraca. Liguei para os meus familiares e eles me deram a seguinte direção: "Você está acompanhando todo o tratamento e tem Deus na sua vida. O que você decidir, nós assinamos contigo. Ninguém nunca vai te cobrar nada, aconteça o que acontecer!"

Naquele momento, o chão saiu dos meus pés. Ao desligar o telefone, segui. Havia uma porta enorme de vidro na saída e eu não conseguia encontra-la. Fiquei tonta e sentei em um banco dentro do hospital. Respirei fundo e chamei o Espírito Santo para estar comigo naquele momento de deserto. Foi uma situação em que fui levada a ser tentada. O que decidir? A minha mãe morrer sem a cirurgia ou morrer na cirurgia? O que fazer?

Após um período, consegui me levantar e continuar a minha caminhada. Não senti calafrios ou arrepios, mas levantei com a convicção de que Deus estava no controle de todas as coisas. Decidimos fazer a cirurgia e, como ela foi internada pelo sistema público, fiquei tentando a liberação. Nesse caso, o Senhor realmente estava à frente, pois tínhamos acesso a tudo e aos médicos sempre.

Alguns dias depois, a minha mãe sofreu um novo ataque cardíaco e os médicos decidiram não mais operá-la, mas liberaram-na para ficar com a família. O Espírito Santo havia tomado o controle da situação e não estaria sobre as minhas mãos a morte ou vida dela, que pode ficar em casa, recebendo muito carinho de quem amava. E eu pude ter o conforto dos meus amigos, familiares e da igreja.

Pude sentir o calor do Espírito Santo e das mãos de Deus me envolvendo. O sentimento de abandono não existia dentro de mim. Então, de fato, compreendi que o tempo de provações não é para nos matar e, sim, para nos fortalecer.

E) Andou no poder do Espírito Santo

"Então, pela virtude do Espírito, voltou Jesus para a Galileia e a sua fama correu por todas as terras em derredor."

Lucas 4:14

Os dons pertencem a Deus, que o dá a quem quer, conforme lhe apraz. Não vêm de nós. Vêm d'Ele.

Não conseguimos, de nós mesmos, viver uma vida de virtudes. Dependemos do Espírito Santo, como Jesus dependia. Quem mostrará o que fazer e como fazer será Ele. O significado de virtude é "hábito de praticar o bem, o que é justo; excelência moral; probidade, retidão". A Palavra de Deus aqui nos exorta, mostrando que Jesus praticava o bem, era justo e reto, através do poder vindo do alto.

Existe um termo chamado "amálgama", que significa "uma mistura que não se separa". Por isso, alguns usam a expressão teológica "amalgamado com Cristo". Os nossos sentimentos, pensamentos e emoções precisam estar ligados a Deus e os dEle a nós, através do Espírito Santo. Então, seremos um só.

É como no processo de se fazer um café. Mistura-se água, açúcar e pó e expõe-se à fervura. Depois de misturado, não tem como separar mais. Assim devemos caminhar. Precisamos estar em Deus sem saber "onde terminamos e onde Ele começa", ou "onde o Senhor começa e nós terminamos", conforme a poesia que Ele me deu descrita no início do livro.

O homem manco

Uma vez, conheci o testemunho de um pastor que mostra o que é o poder do Espírito Santo na vida de uma pessoa. Eu só ouvi essa história uma vez e nunca a esqueci. Vou relatá-la aqui.

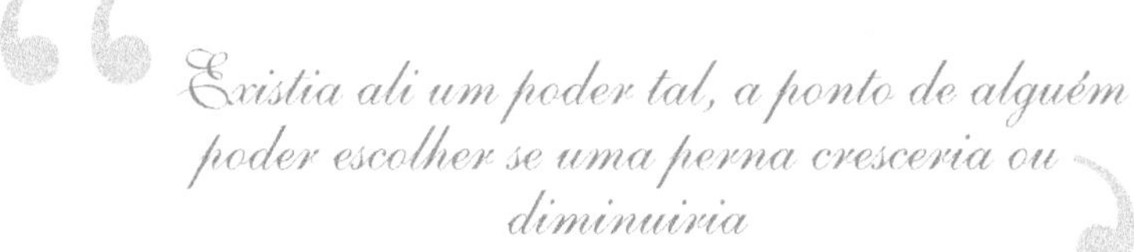

Aconteceu uma Cruzada de Milagres e vários enfermos e paralíticos foram para receber a sua bênção. O pastor chamou à frente um moço que tinha uma perna menor do que a outra. Era um homem manco. Pedindo que ele se sentasse em uma cadeira, colocou outra à frente e o fez ficar com as pernas retas. Começando a orar, olhou para aquela pessoa e perguntou:

- Você quer que essa perna cresça ou que a outra diminua?

- Que a esquerda cresça! – respondeu ele.

- Então, tudo bem. Vamos orar!

Após oração, a perna cresceu na frente de todo mundo. Existia ali um poder tal, a ponto de alguém poder escolher se uma perna cresceria ou diminuiria. E, no mesmo instante, se fez.

O jovem atrofiado

Assisti a um vídeo em um site de compartilhamentos. Era uma ministração de Dave Roberson, aqui no Brasil. Em um culto, veio a ele um homem atrofiado, sobre muletas. As suas pernas eram mais finas do que o normal e os braços eram atrofiados. Um obreiro o segurava. O pastor apenas chorou e o abraçou, dizendo: "Deus me mandou amá-lo e abraçá-lo, como Ele faria!" Em seguida, chorou, dizendo: "Sinto muita compaixão neste lugar!"

> *...de repente, sem ninguém esperar, foi como se um poder muito grande descesse do céu. Aquele jovem deficiente jogou os braços para cima e exclamou: "Jesus!".*

O obreiro ficou atrás do moço, para que não caísse. Ninguém o tocava. Então, ele começou a movimentar o corpo de um lado para o outro, enquanto o pastor chorava na frente. Depois, aos poucos, foi trocando alguns passos, o que levava a igreja ao júbilo, até que, de repente, sem ninguém esperar, foi como se um poder muito grande descesse do céu. Aquele jovem deficiente jogou os braços para cima e exclamou: "Jesus!".

Então, começou a gritar e a correr, como se nada houvesse com ele, como se fosse perfeito a vida toda. As suas pernas e braços não estavam mais atrofiados. Movimentava-se como uma pessoa perfeita, até a hora que se deitou no chão, chorando. A única palavra que dizia era "Jesus".

O poder do Espírito Santo agiu pela compaixão, sem intervenção humana, sem ninguém ficar gritando "Receba a cura!" ou coisa parecida. Não tenho nada contra esse tipo de ação, mas foi maravilhoso presenciar apenas o poder sobrenatural. Vimos, literalmente, se cumprindo a Palavra de Deus, que diz que veríamos coisas maiores do que as que Jesus fez.

"Em verdade, em verdade, vos digo que aquele que crê em mim também fará as obras que faço e as fará maiores do que estas, porque Eu vou para o Pai."

João 14:12

O que vi foi algo tão surpreendente e intenso que fui atrás da história. Não fui pela dúvida, mas para testificar a verdade e para poder testemunhar do poder do Espírito Santo.

A cura coletiva

Sempre fui apaixonada por milagres. Então, é claro que pesquisei sobre a vida da irmã Kathryn Kuhlman. Essa mulher presenciou o poder divino fazer milagres em 1969 e os seus testemunhos são falados até hoje. Em seus livros e vídeos, há demonstrações de obras sobrenaturais do Espírito Santo. Ele era o seu ministério, a sua ministração. Nessa busca, um caso em especial me chamou a atenção.

Em um ginásio, a ministradora havia orado com milhares de pessoas e muitos vinham dar os seus testemunhos. Naquele momento, uma senhora, acompanhada de uma moça que a segurava pelos braços, chegou perto. A jovem era alta, muito bonita, bem vestida e sorridente. Segurava com muito carinho a outra, que estava sendo curada. Enquanto testemunhava da irmã que recebeu a cura, Kathryn Kuhlman a olhou e disse:

- Eu te conheço!

A moça balançou a cabeça em sinal positivo e sorriu, muito envergonhada. Kathryn continuou:

- De onde eu te conheço?

Em seguida, espantada, emendou:

- Meu Deus! Você era... Você estava...

As duas começaram a sorrir e a moça afirmou apenas com a cabeça que era ela mesma. Kathryn Kuhlman tomou a jovem, a virou para o público e começou a dizer:

> *- Ela estava em cima de uma cama, paraplégica. Só movia a cabeça quando me levaram à sua casa para orar. Eu orei e sai sem que nada acontecesse e nunca mais a vi. E, agora...*

-...está aqui, andando, falando e se movendo, como se nada tivesse acontecido! Por favor, nos fale o que aconteceu.

Pegando o microfone, a jovem começou a contar:

- Eu havia sofrido um acidente e estava na cama. Só movia a cabeça. O meu corpo já estava atrofiado havia uns dois anos. Quando você foi à minha casa e orou, senti apenas como se uma brisa viesse sobre mim e mais nada. Mas fui melhorando muito rápido e começando a me mover. Sem perceber, o meu corpo já não estava mais atrofiado e conseguia segurar as coisas. Em pouco tempo, a minha voz voltava e, agora, estou assim!

O ginásio todo aplaudia o poder do Espírito Santo e a maneira dEle agir. Kathryn Kuhlman nem sabia que aquela jovem havia sido curada milagrosamente. Deus foi fazendo a obra sobre a sua vida, dia a dia, da maneira que Ele queria e que ela suportaria.

O poder pertence a Ele

Vimos, nesses relatos, milagres que acontecem de formas diferentes, alguns imediatos, outros gradativos. Nunca conseguiremos definir como Deus se manifestará. O poder pertence a Ele, que é quem decide como fazer. Ao orarmos por alguém, não precisamos ficar tristes por não ser da maneira que queremos. Temos que aceitar a sua vontade.

Muitas vezes, quis colocar as mãos sobre a minha mãe e vê-la curada, cozinhando, fazendo crochê e biscoitos para os netos. Mas a maneira de Deus agir não pertence a nós. Sofri muito até entender que eu iria orar e os enfermos não iriam melhorar e, sim, descansar no Senhor. Houve pessoas que pensei que iriam descansar e, entretanto, voltaram para as suas casas.

> *Precisamos aceitar esse ministério como ele é. Jesus andou no poder do Espírito Santo. Temos que andar no mesmo poder.*

A mão ressequida

Em determinada ocasião, Cristo estava na sinagoga. Alguns, com o intuito de acusá-lo, perguntaram se era correto curar no sábado, já que aquele era um dia de descanso para os judeus. Ele respondeu que sim e pediu para que um homem de mão ressequida estendesse a mão enferma. De imediato, ela ficou sã.

"Achava-se ali um homem que tinha uma das mãos ressequida... Então, disse ao homem: Estende a mão. Estendeu-a e ela ficou sã como a outra."

Mateus 12:10,13

Apenas chegou perto da gruta e o Espírito Santo se manifestou aos homens que estavam lá dentro. Estes começaram, espontaneamente, a ir à frente, confessando os seus pecados e se arrependendo.

A presença de Deus

Entre 1904 e 1905, no País de Gales, na Grã-Bretanha, ocorreu um relato muito interessante, entre vários outros que aconteceram naquela região. Ali, estava acontecendo um avivamento e, realmente, havia a manifestação do poder do Espírito Santo. Trataremos de algo que aconteceu em uma visita de um dos líderes do movimento avivalista.

Aquele líder foi visitar uma mina de carvão, onde a maioria da população trabalhava. Apenas chegou perto da gruta e o Espírito Santo se manifestou aos homens que estavam lá dentro. Estes começaram, espontaneamente, a ir à frente, confessando os seus pecados e se arrependendo. O avivalista não orou ou chamou ninguém. Apenas chegou e o poder de Deus, que operava nele, produziu uma atmosfera de arrependimento e temor.

Certa feita, Kathryn Kuhlman estava ministrando em um salão de eventos em um hotel. Como havia muitas pessoas na porta da frente e todos estavam cheios do poder do Espírito Santo dentro do salão, a sua equipe resolveu sair com ela pela cozinha do local. Conforme passava, os funcionários, que nada sabiam do que acontecia, começaram a se arrepender de seus pecados. Naquele dia, não houve almoço, pois todos largaram o seu serviço para chorar e fazer confissões.

Tanto Jesus quanto homens e mulheres comuns – assim como nós - podem presenciar a manifestação do poder do Espírito Santo. Isso está disponível para mim e para você também. Pedimos ao Senhor que nos dê essa fé. Que seja Ele em nós e nós nEle.

F) Ungido pelo Espírito Santo

"O Espírito do Senhor é sobre mim, pois me ungiu para evangelizar os pobres, enviou-me a curar os quebrantados de coração, a apregoar liberdade aos cativos, a dar vista aos cegos, a pôr em liberdade os oprimidos, a anunciar o ano aceitável do Senhor."

Lucas 4:18-19 e Isaías 61:1-2

O significado da palavra Cristo é "unção". No termo grego, "Χριστός, Christós" é "O Ungido" ou "O Consagrado". Os gregos usaram essa terminologia para traduzir "mashiach" do hebraico.

Nessa última passagem citada, vemos, nitidamente, a Trindade se manifestando: O chamado ministerial de Jesus para libertar os cativos, juntamente com o Consolador, para fazer milagres e anunciar o ano aceitável do Pai.

É bom entendermos isso para, quando pedirmos unção, termos o entendimento de que é em Cristo e através do Espírito Santo que tudo acontece. Manifestações sobrenaturais nunca serão algo produzido por nós. Temos que nos esvaziar, todos os dias, a cada amanhecer.

Quando penso em unção, logo me lembro de Benny Hinn ou de outros homens com o mesmo ministério. Estive em um ginásio num congresso em Bogotá, na Colômbia, para ver o Espírito Santo se manifestar através da vida desse irmão. Fiquei maravilhada com o número de milagres e com o poder de Deus sua na vida. Ele levava as mãos em direção às pessoas e elas, na arquibancada, caíam, todas de uma vez.

aprendemos que a visitação do Cristo ungido e consagrado acontece de outras formas

Porém, apesar de gostar desses tipos de manifestações, aprendemos que a visitação do Cristo ungido e consagrado acontece de outras formas. Sentir o poder de Deus não está ligado estritamente a ter arrepios ou cair. Um culto onde há conversões, certamente, está cheio de unção, mesmo se não houver grandes moveres. Existe barulho que vem de Deus, como está escrito em Atos, mas nem sempre vem de dEle. É como se diz: *"Lata vazia também faz barulho!"*.

"De repente, veio do céu um som, como de um vento impetuoso, e encheu toda a casa onde estavam assentados."

Atos 2:2

Certa vez, estava no estado do Pará, na cidade de Redenção, na igreja El-Shaday, do pastor Corifeu, pregando sobre o céu. A unção e a presença do Espírito Santo estavam lá, mas não havia ninguém correndo, gritando ou sapateando. Enquanto ministrava, vieram à frente duas pessoas e eu não havia feito nenhum tipo de apelo. Cumprimentei-as e perguntei o que queriam. Elas, chorando, responderam que desejavam aceitar a Jesus - uma estava voltando aos caminhos do Senhor.

Em uma segunda vez, veio à frente uma família inteira. A mulher estava abraçada ao marido e, junto, havia dois jovens. Vi claramente que se tratava de uma serva fiel a Deus. Eles choravam muito e levei logo o microfone em sua direção. Aceitaram Jesus, espontaneamente. A unção estava ali. Cristo, o Ungido, realizava a obra da salvação.

Congresso de Adoração

No início de meu ministério, realizamos um Congresso de Louvor e Adoração, em Caldas Novas. Era a união de várias igrejas locais e chamava-se "Adorarei". Muitos ministros de louvor e de dança vieram e, juntos, celebramos durante três dias.

No primeiro dia, ficamos maravilhados, pois a unção de Deus veio sobre nós como fogo. Houve várias manifestações. No segundo dia, veio como uma brisa, calma e suave. E isso nos assustou muito. Então, liguei para a minha discipuladora nessa área, que morava em Belo Horizonte (MG), que me disse que o Espírito Santo vem como quer. Desejávamos barulho. Ele, não. Aprendi, de imediato, que, em um momento, o Senhor se manifesta de uma maneira e, no outro, não é obrigado a agir da mesma forma.

> *Parei de ir embora do culto triste pelo fato d'Ele não ter vindo da forma que a igreja esperava.*

No terceiro dia, consegui ver a sua unção de um jeito especial, através da sua graça. Depois disso, nunca mais cheguei a uma ministração e esperei ver a Deus da maneira que eu queria. Parei de ir embora do culto triste pelo fato dEle não ter vindo da forma que a igreja esperava. Percebi que queríamos fazer da manifestação algo obrigatório e nos frustrávamos, pois o poder é do alto. Foi bom ter aprendido isso logo no início do meu ministério.

Não controlamos a manifestação e a unção de Deus. Ele vem da maneira que quiser. O importante é que vem.

G)Andou na plenitude do Espírito Santo

"Porque nele foram criadas todas as coisas que há nos céus e na terra, visíveis e invisíveis, sejam tronos, sejam dominações, sejam principados, sejam potestades; tudo foi criado por ele e para ele. E ele é antes de todas as coisas e todas as coisas subsistem por ele. E ele é a cabeça do corpo da Igreja; é o princípio e o primogênito dentre os mortos, para que em tudo tenha a preeminência, porque foi do agrado do Pai que toda a plenitude nle habitasse."

Colossenses 1:16-19

O significado da palavra plenitude é "completo, perfeito". Isso reforça a importância de nos enchermos do Senhor. Nunca vamos ser a cabeça da Igreja. Vamos ser os demais órgãos. A cabeça já existe, Jesus Cristo.

> *...precisamos nos mover no ministério ao mesmo tempo em que a nuvem. Se ela ficar parada, esperamos. Se ela se mover, também nos movimentamos.*

Como no Êxodo, precisamos nos mover no ministério ao mesmo tempo em que a nuvem. Se ela ficar parada, esperamos. Se ela se mover, também nos movimentamos. Precisamos ter cuidado para não fazer uma obra que Deus não está fazendo, somente para nos agradar ou agradar a homens. Ele é a cabeça e dá a direção. É em Jesus que desce o óleo e escorre sobre a cabeça. O corpo, que é a Igreja, já tem cabeça, que é Cristo.

"Porque, assim como o corpo é um e tem muitos membros e todos os membros, sendo muitos, são um só corpo, assim é Cristo também. Pois

todos nós fomos batizados em um Espírito, formando um corpo, quer judeus, quer gregos, quer servos, quer livres e todos temos bebido de um Espírito. Porque também o corpo não é um só membro, mas muitos."

1 Coríntios 12:12-14

Não podemos nos esquecer de que os mais apreciados por Deus são aqueles que não são vistos.

Quando aprendemos sobre os órgãos, claro que queremos ser os mais admirados, como os olhos, de preferência azuis ou verdes. Não podemos nos esquecer de que os mais apreciados por Deus são aqueles que não são vistos. O homem vive sem olhos, mãos, orelhas, ouvidos, entre outros. Mas não sobrevive, por exemplo, sem coração ou intestino. Como no nosso corpo físico esses são os mais importantes, no de Cristo também.

"Antes, os membros do corpo que parecem ser os mais fracos são necessários. E os que reputamos serem os menos honrosos no corpo, a esses honramos muito mais; e aos que em nós são menos decorosos, damos muito mais honra. Porque os que em nós são mais honestos não têm necessidade disso, mas Deus assim formou o corpo, dando muito mais honra ao que tinha falta dela."

1 Coríntios 12:22-24

Para quê?

"Para que não haja divisão no corpo, mas, antes, tenham os membros igual cuidado uns dos outros."

1 Coríntios 12:22-25

*Ele nos ensinou o caminho para segui-lo,
bem como a buscar o lugar que tem preparado
para nós.*

A Palavra de Deus mostra que todas as coisas foram criadas para Jesus, que veio à Terra como homem e se colocou como servo em nosso lugar, levando sobre Si os pecados. Ele nos ensinou o caminho para segui-lo, bem como a buscar o lugar que tem preparado para nós. E nos ajuda a andar na plenitude daquele que enviou para habitar no nosso interior.

Não podemos fazer a obra que foi destinada ao Espírito Santo. O ministério é dEle para Jesus e a glória é do Pai. Ele nunca vai dividir isso com homem algum, nem comigo nem com você.

Quem é o Espírito Santo para você?

Capítulo 2

Identificando o Espírito Santo

"No principio, criou Deus os céus e a terra. E a terra era sem forma e vazia; e havia trevas sobre a face do abismo; e o Espírito de Deus pairava sobre a face das águas."

Gênesis 1:1-2

Quem é o Espírito Santo para você? Qual é o seu poder? Aprendemos, realmente, o que Ele significava para Jesus e para nós?

Durante a criação

Estava Deus no céu com Jesus e o Espírito Santo "pairava" (que significa "dominar do alto"), dominava do alto sobre a face das águas. O Pai estava no trono dEle com o Filho e a terceira pessoa da Trindade estava na Terra, quando foi determinado: "Haja luz!". E houve luz. Assim, continuou o Senhor criando todas as coisas.

Quando paro diante desses versículos, fico imaginando uma imagem linda. E vejo o Senhor determinando, através da sua Palavra, que tudo fosse criado, animais, natureza, céus, terra, entre outros. O Pai, o Verbo Vivo, que é Cristo, e o Espírito Santo, todos estavam juntos durante a criação. A única coisa que a Bíblia relata que Deus criou com as suas mãos foi o homem.

"E disse Deus: Façamos o homem à nossa imagem, conforme a nossa semelhança; e domine sobre os peixes do mar, sobre as aves dos céus, sobre os animais domésticos, sobre toda a terra e sobre todos os répteis que se arrastam sobre a terra. E criou Deus o homem à sua imagem; à imagem de Deus o criou."

Gênesis 1:26-27

Produza a Terra

Para a Terra, Deus deu uma direção diferente, que produzisse. E que a sua produção fosse conforme a espécie.

"Disse também Deus: Produza a terra seres viventes, conforme a sua espécie: animais domésticos, répteis e animais selváticos, segundo a sua espécie. E assim se fez."

Gênesis 1:24

Diante dessa declaração, entendemos a importância da semeadura. Devemos plantar o que queremos colher. Não podemos comer todas as sementes e precisamos observar o que estamos semeando. Se plantarmos vento, com certeza, colheremos tempestades. Se amor, vamos colher amor. Se semearmos financeiramente, vamos colher financeiramente. Todo plantio vai germinar e dar os frutos conforme a sua plantação e o seu tempo. A ordem é: *"Terra, produza frutos e frutos conforme a sua espécie"*.

O cuidado divino

Outra ocasião em que podemos contemplar o mover sobrenatural do Espírito Santo é na passagem de Moisés com o povo no Mar Vermelho. Observamos Deus, de forma maravilhosa, cuidando e protegendo os seus do inimigo. Os hebreus nunca conseguiriam vencer os seus adversários se não fosse pela intervenção do Pai.

"Então, Moisés estendeu a sua mão sobre o mar e o Senhor fez retirar o mar por um forte vento oriental toda aquela noite; e o mar tornou-se em seco e as águas foram partidas... Então, Moisés estendeu a sua mão e o mar retornou à sua força ao amanhecer e os egípcios fugiram ao seu encontro; e o Senhor derribou os egípcios no meio do mar."

Êxodo 14:21,27

> ...o Espírito Santo fez uma estrada dentro do mar. E o melhor disso é que Ele ficou segurando as águas como muros

Através da Palavra de Deus dada a Moisés, o Espírito Santo fez uma estrada dentro do mar. E o melhor disso é que Ele ficou segurando as águas como muros, à sua direita e à sua esquerda, a noite inteira, até o povo todo passar e os soldados estarem no seu interior.

O livro de Êxodo nos apresenta o Deus Pai, que cuida e vela pelos seus filhos. O povo teve alguém para tirá-lo da escravidão. Crianças saíram pequenas do Egito e as suas roupas e sapatos foram crescendo junto. Ninguém teve vestes e calçados se acabando durante a caminhada no deserto. Com aqueles hebreus, ia uma nuvem, direcionando de dia, e uma coluna de fogo à noite.

Todas as manhãs, como um orvalho, caía o maná do céu. Apenas naquela região, o chão ficava coberto com a providência divina. Ao raiar do sol, eles tinham a graça de colher e preparar a sua comida. Se sentissem sede, saia água até mesmo da rocha. Se desejassem comer carne, vinha um bando de codornizes para saciar a vontade.

Hoje, não conseguimos ver esse maná cair do céu, mas podemos ver o cuidado do Senhor da mesma maneira conosco. Isso é evidente quando os anos se passam e as roupas estão em perfeito estado ou quando fazemos várias refeições por dia, temos a cama que escolhemos para dormir e muito mais. Os nossos desejos se tornaram maiores e melhores do que os daquele povo. Não andamos a pé, mas em carros, por vezes caros. Nada nos falta. É Deus cuidando de nós.

> *Nessa etapa, a gratidão tem que fazer parte de nossa vida. Precisamos ver Deus cuidando de nós em tudo.*

Temos que aprender a ser diferentes do povo que morreu naquele deserto por não ter um coração grato. No livro que escrevi sobre o primeiro amor, relatei sobre mais coisas que levam a pessoa a sair dele. Algumas são a ingratidão e a murmuração. Nessa etapa, a gratidão tem que fazer parte de nossa vida. Precisamos ver Deus cuidando de nós em tudo.

Quando passamos pela prova, vemos esse cuidado e proteção nas pequenas coisas, mas, no nosso dia a dia, nos esquecemos dos feitos de Deus. Os nossos olhos ficam fitos no que não temos e criamos ídolos, deuses para adorar no lugar do Senhor verdadeiro. Um filho, uma casa, um carro, um emprego, tudo isso pode ser uma benção ou um símbolo de adoração em nosso coração.

"Adorarás a Deus e somente a Ele servirás" (Mateus 4:10) é um mandamento. E a maneira que o diabo faz para termos um coração ingrato é nos mostrando aquilo que não temos. Quando acordamos, temos, de graça, o ar que respiramos. Não é necessário ter um problema respiratório para o valorizarmos. Vamos sozinhos ao banheiro. Não precisamos depender de ajuda para, só então, dar valor a isso. É constrangedor ter que contar com alguém para essas coisas.

No meu conceito, o melhor lugar para aprendermos sobre gratidão é na Vila São Cotolengo, em Trindade (GO). Trata-se de um local onde vivem mais de 450 pessoas, com todo tipo de deformidades físicas, mentais e espirituais. Lá, estão crianças pequenas que moram em cima de um colchão e dependem dos outros para tudo, até mesmo para se mover e se alimentar. Elas vão crescendo e, conforme a enfermidade e a idade, mudam de sala, até o dia de sua morte. A maioria dos pacientes não conhece e nunca viu os seus familiares.

> *Conseguimos dar valor a coisas simples, como ver as ruas por onde andamos ou apenas pegar um talher sozinho para se alimentar.*

Após uma visita, valorizamos até o fato de estarmos andando a pés no sol quente. Ao sentir o calor do dia em nosso corpo, damos graças a Deus pela sacola pesada nos braços, pois é pela misericórdia dEle que conseguimos carregá-la pela cidade. Conseguimos dar valor a coisas simples, como ver as ruas por onde andamos ou apenas pegar um talher sozinho para se alimentar.

Deus cuida de nós e é nosso dever termos o coração grato a Ele por tudo o que está fazendo ou não por nossas vidas. Se não estamos recebendo algo, com certeza, não é o tempo para isso ou, simplesmente, o que almejamos não é aquilo que se tornará benção.

O meu Prisma

No final de 2012, passei por uma dessas situações marcantes. Tentei trocar o meu velho Corsa Classic, que estava em "crise temperamental" comigo e em um ótimo relacionamento com o meu mecânico. Tive uma experiência muito triste com ele. Fui ministrar em um congresso. Ao sair, estava chovendo fino e o carro não ligou. Precisei pedir ajuda para empurrar. Havia várias pessoas na porta da igreja naquele dia. Que vergonha! Então, determinei em meu coração que trocaria o meu automóvel.

Fui a uma concessionária e vi o novo Voyage. Era lindo, zero quilômetro, simples, básico, sem muitos acessórios, da cor que eu queria "grafite". Fiz as estimativas e ficaria muito caro para comprar. Verifiquei quanto custaria para documentar e emplacar e o valor ficou ainda mais alto. Levei o meu antigo automóvel para avaliação e ofereceram um preço muito baixo. Realmente, seria impossível pegar um carro novo, mesmo que fosse do mesmo modelo e marca.

Procurei outros recursos para adquirir um novo carro ao final daquele ano, o que não consegui. Chorei, triste. Mas não deixei de desejar a troca. Continuei orando e acreditando. Aquela situação não se tratava de um capricho, mas de uma necessidade. Um automóvel é um instrumento de trabalho no exercício do meu ministério.

O ano de 2013 começou e os meses se passaram. Estive um pouco enferma e, assim que melhorei, fui para a minha cidade, para ver a família e terminar de me recuperar. Foi, então, que estive em uma concessionária com o meu cunhado, para ver um automóvel que havia comprado para a minha sobrinha. Na verdade, todos estavam trocando de carro em casa naquela época.

Ao chegarmos à loja, não olhamos nada. Apenas conversávamos com o vendedor. Então, ele falou de um automóvel que havia sido lançado naqueles dias e que precisava crescer no mercado. Alguém havia feito o pedido de um, mas o cadastro não passou no financiamento. O produto estava no pátio, sem proprietário. Fui vê-lo. Tinha porte de carro importado, com acabamento bonito, e era um sedan, como eu queria.

O vendedor percebeu o meu interesse e pediu para avaliar o meu antigo automóvel. Eu havia ido à mesma concessionária em Goiânia e me ofereceram a metade do preço. As batidas do meu coração foram acelerando, enquanto o meu cunhado me dava sinais de que iríamos fechar negócio. Milagrosamente, saí, na semana seguinte, com um carro zero, que possuía muito mais acessórios que o outro e com os documentos todos quitados no ato da compra.

Um tempo depois, parei com o carro no estacionamento da MCM. Alguém colocou um Voyage do modelo que eu queria próximo ao meu. Que surpresa! Quando fui pegar o meu automóvel, ele estava grande e bonito perto daquele outro veículo. Não consegui a benção da maneira que queria e quando queria, mas Deus foi muito além. Fez melhor.

> *No meu interior, havia a sensação do cuidado de Deus comigo, não me dando o que eu queria e, sim, o que tinha para mim.*

No meu interior, havia a sensação do cuidado de Deus comigo, não me dando o que eu queria e, sim, o que tinha para mim. O Senhor também cuida da sua vida, não te dando o que você deseja, na hora que imagina, mas o que Ele quer e no seu tempo.

"Porque os meus pensamentos não são os vossos pensamentos, nem os vossos caminhos os meus caminhos, diz o Senhor. Porque, assim como os céus são mais altos do que a terra, assim são os meus caminhos mais altos do que os vossos caminhos e os meus pensamentos mais altos do que os vossos pensamentos."

Isaías 55:8-9

Deus se revelando

"E, no primeiro dia da semana, Maria Madalena foi ao sepulcro de madrugada, sendo ainda escuro, e viu a pedra tirada do sepulcro. Correu, pois, e foi a Simão Pedro e a outro discípulo a quem Jesus amava e disse-lhes: Levaram o Senhor do sepulcro e não sabemos onde o puseram. Então, Pedro saiu com o outro discípulo e foram ao sepulcro."

João 20:1-3

"Então, entrou também o outro discípulo, que chegara primeiro ao sepulcro, e viu e creu. Porque ainda não sabiam a Escritura, que diz que era necessário que ressuscitasse dos mortos. Tornaram, pois, os discípulos para casa."

João 20:8-10

Esse trecho trata da cena de Jesus ressuscitando e aparecendo a Maria Madalena e aos discípulos. Se caminharmos um pouco mais na leitura, veremos a revelação de quem estava com Ele, de quem agiu para que estivesse no seu corpo glorificado.

"Disse-lhes, pois, Jesus, outra vez: Paz seja convosco! Assim como o Pai me enviou, também eu vos envio a vós. E, havendo dito isso, assoprou sobre eles e disse-lhes: Recebei o Espírito Santo."

João 20:21-22

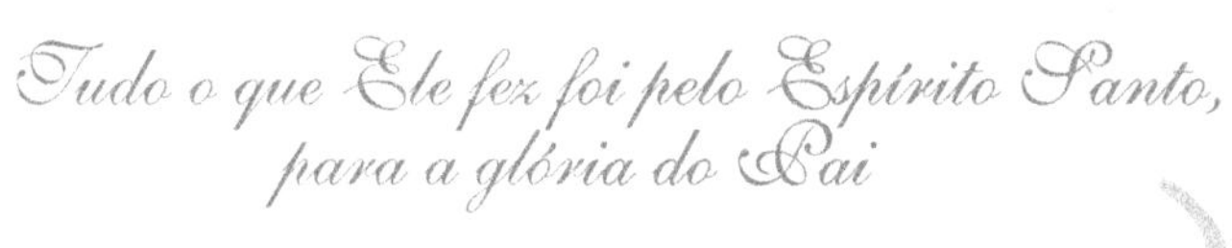

A Bíblia nos evidencia o ministério de poder na vida de Jesus. Tudo o que Ele fez foi pelo Espírito Santo, para a glória do Pai. Vejamos as suas últimas palavras na Terra:

"Não vos pertence saber os tempos ou as estações que o Pai estabeleceu pelo seu próprio poder. Mas recebereis a virtude do Espírito Santo, que há de vir sobre vós; e ser-me-eis testemunhas tanto em Jerusalém como em toda a Judeia e Samaria e até aos confins da terra."

Atos 1:7-8

> *Cristo deixou claro que o seu ministério aqui era do Espírito Santo.*

Durante a atuação de Jesus na Terra, todos os olhos estavam voltados para Ele. Mas o próprio Cristo deixou claro que o seu ministério aqui era do Espírito Santo. Não nos ensinou apenas a sermos seguidores, mas também que precisávamos do Espírito para realizar a obra. O Filho nos alertou que não podíamos fazer nada na força do braço, mas que necessitamos andar espiritualmente para, depois, começar qualquer serviço.

Se, durante o ministério de Jesus na Terra, todos acreditavam que Ele tinha o poder em suas mãos, nos versículos que lemos, o próprio Senhor nos revela de quem era essa unção e quem estava realizando milagres através de sua vida. Jamais podemos acreditar que essas manifestações vêm de nós ou que os dons e talentos são nossos.

Não existem *"o meu ministério"*, *"a minha igreja"*, *"o meu louvor"* ou *"os meus livros"*. A respeito disso, tenho testemunhado nos lugares em que vou que as publicações que foram lançadas através da minha vida, inclusive esta, são escritas pelo Espírito Santo, através dos dons proféticos. Explico sobre esse assunto, principalmente o dom de profecia, no próximo material da série. Vou dar um exemplo rápido sobre o assunto abaixo:

Um livro no carro

Estava indo para a igreja local na qual congrego, denominada Igreja nos Lares, na época era Casa de Adoração, em Trindade - GO. Seguia com uma sobrinha ouvindo música no carro, como de costume, quando, de repente, o Senhor falou em meu coração a expressão "Mergulhando em Deus". Já era escritora e muito me impressionou o que aconteceu, pois o nome dos livros era a última coisa que Ele me dava. Geralmente, eu e a minha equipe tínhamos que fazer tempestades de ideias para definirmos o título.

Cheguei à igreja procurando por um pouco de papel para escrever e não tinha. Olhei ao redor e encontrei um bloco de rascunhos nas mãos de uma colega, a pastora Tatiane. Pedi que me emprestasse e, como todos já se acostumaram com as minhas loucuras, ninguém ligou para a minha atitude naquele dia. Comecei a escrever tudo o que Deus estava falando em meu espírito.

Participei de todo o culto, levantei, sentei, pedi a uma irmã ao lado para levar a minha oferta até o altar e assim fiquei. Quando terminou a reunião, estava com o livro todo rascunhado. Mal cheguei em casa e fui ao computador, colocar lá tudo o que estava escrito. No dia seguinte, o material estava pronto.

Todos os livros que escrevi foram colocados em meu espírito. E o Espírito Santo é o autor. Quando Ele está me dando algo, não sirvo para mais nada. Qualquer outra coisa não importa mais. Necessito me concentrar naquilo que o Senhor está falando.

Um dia, o meu pastor me perguntou como é que os livros vinham. Eu lhe respondi: "É como uma torneira! Ela se abre, vem todo o material e se fecha! Depois que se fecha, tudo o que coloco lá não dá mais certo. Fica feio!" Por isso, quando o Espírito Santo está se revelando a mim na parte literária, aproveito o máximo de tempo para colocar no papel aquilo que tem a liberar.

Um selo especial

É difícil compreender a dimensão da força do Espírito Santo em pessoas falhas e pecadoras como nós. Como o poder que criou o mundo, que abriu o Mar Vermelho e que participou da geração, morte e ressurreição de Jesus pode viver dentro de um ser humano? Mas a Palavra de Deus nos garante que isso acontece quando somos selados por Ele. O ministério de maravilhas de Cristo e de seus discípulos aconteceu após este selo.

"E, tendo dito isso, clamou em alta voz: Lázaro, vem para fora! Saiu aquele que estivera morto, tendo os pés e as mãos ligados com ataduras e o rosto envolto num lenço. Então, lhes ordenou Jesus: Desatai-o e deixai-o ir."

João 11:43-44

"Um jovem, chamado Êutico, que estava sentado numa janela, adormecendo profundamente durante o prolongado discurso de Paulo, vencido pelo sono, caiu do terceiro andar abaixo e foi levantado morto. Descendo, porém, Paulo, inclinou-se sobre ele e, abraçando-o, disse: Não vos perturbeis, que a vida nele está. Subindo de novo, partiu o pão, comeu e ainda lhes falou largamente ao romper da alva. E, assim, partiu. Então, conduziram vivo o rapaz e sentiram-se grandemente confortados."

Atos 20:9-12

Percebemos o Espírito Santo fazendo os mesmos milagres através da vida do Filho de Deus e de um homem comum, como eu e você. O seu poder e a sua manifestação são inigualáveis. Basta crermos e o buscarmos de todo o nosso coração. Haveria algo maior do que vencer a morte? O que poderia superar isso? Alguém na Terra teria essa capacidade?

O Espírito Santo tem poder sobre as enfermidades, sobre os demônios e sobre a morte. A unção que operava na vida de Jesus também se via na vida dos seus discípulos, na vida de Paulo, após serem selados.

Ele é nosso professor, amigo e intercessor.

Capítulo 3

Características do Espírito Santo

A Palavra de Deus nos apresenta algumas de suas características. Ele é nosso professor, amigo, intercessor.

A) Professor

"Porque, na mesma hora, Ele, o Espírito Santo, vos ensinará o que convém falar."

Lucas 12:12

Nesse caso, a nossa posição é estudar. É necessário escolher um determinado assunto, aprender tudo o que podemos sobre ele e, depois, apenas abrir a nossa boca. A Bíblia está nos dizendo que o Senhor nos ensinará. Em outros capítulos, as Escrituras declaram que Deus colocará as suas Palavras na nossa boca. Assim, entendemos porque Ele *"não chama os capacitados, mas capacita os escolhidos"* ou, como lemos em 1 Coríntios 1:28, *"usa os que não são para confundir os que são"*.

"Mas aquele Consolador, o Espírito Santo, que o Pai enviará em meu nome, vos ensinará todas as coisas e vos fará lembrar tudo quanto vos tenho dito."

João 14:26

Isso mostra a importância de estudar, pois Ele nos fará lembrar das coisas que vimos, lemos ou ouvimos.

...orando com uma Bíblia aberta sobre a sua cabeça.

A Bíblia aberta na cabeça

Um dia, em um momento de oração, olhei para frente e vi uma cena muito interessante: um jovem estava andando de um lado para o outro, orando com uma Bíblia aberta sobre a sua cabeça. Parei diante dele e perguntei:

- O que está fazendo?
- Pedindo ao Espírito Santo para me ensinar a Bíblia! - me respondeu.

Guardo no coração as tuas Palavras, para não pecar contra Ti.

Sorri muito e lhe falei que Deus o faria lembrar-se das coisas que tivesse lido, ouvido e não era daquela maneira que aprenderia sobre Ele. Seria muito bom se fosse assim, mas não é. Há muito tempo, o salmista dizia: *"Guardo no coração as tuas Palavras, para não pecar contra Ti"*.

"Cumprirei os teus decretos; não me desampares jamais. De que maneira poderá o jovem guardar puro o seu caminho? Observando-o segundo a tua Palavra. De todo o coração te busquei; não me deixes fugir aos teus mandamentos. Guardo no coração as tuas Palavras, para não pecar contra ti."

Salmos 119:8-11

Esse é o lugar em que temos que guardar a Palavra de Deus, *"nas tábuas do nosso coração"*.

Deixando de estudar

Conheço o testemunho de um jovem que iria fazer um concurso público. Estava orando por isso havia alguns dias e, em uma reunião de oração, uma irmã veio até a ele e lhe disse: "Deus vai te passar naquele concurso!" O rapaz pegou os livros e os abandonou. Por ter recebido aquela palavra, não leu nada mais.

Fez a prova e claro que o Espírito Santo não o ajudou a lembrar de nada, pois não havia estudado. E não passou. Durante muito tempo, o vi acusando a Deus por não ter passado no concurso e ainda ter mentido para ele. Creio que aquela palavra poderia ser verdadeira, mas temos que fazer a nossa parte, pois as Escrituras não garantem que vamos saber o que nunca vimos e, sim, que iremos nos lembrar do que vimos.

Fiz um curso sobre isso e fui levada à incrível experiência de mergulhar no Espírito.

Lembrando do mergulho

Vou falar um pouco sobre quando o Senhor me deu o livro "Mergulhando em Deus" (MCM Publicações). Ele faz uma analogia com a atividade do mergulho. Fiz um curso sobre isso e fui levada à incrível experiência de mergulhar no Espírito.

Quando estamos fazendo esse curso, aprendemos sobre embolia, respiração, oxigenação e várias outras coisas que precisamos saber para praticar o mergulho. Somente após fazermos as provas teóricas é que vamos para as aulas e provas práticas.

Mas o que quero enfatizar é que Deus não me daria algo desse tipo se eu não houvesse estudado sobre o assunto. Ele me revelou coisas em cima do que já havia aprendido. Conhecia as características do mergulho e escrevi sobre isso.

E ainda houve algumas questões que precisei estudar, como, por exemplo, quando Deus disse no meu espírito: "Escreva sobre a pérola negra". Não sabia que existia uma pérola que era negra. Achava que isso era uma expressão de filme de pirata. Mas obedeci e pesquisei até aprender tudo sobre ela e depois colocar no livro.

O Senhor nunca nos dará o que não sabemos. Ele nos dará algo em cima do que aprendemos.

O Senhor nunca nos dará o que não sabemos. Ele nos dará algo em cima do que aprendemos. Por esse motivo, o nosso professor precisa de alunos dispostos a aprender todos os dias.

Aprendendo como uma criança

Enquanto terminava este livro, tive uma das maiores experiências com o Espírito Santo como professor. Senti-me como uma criança aprendendo coisas novas, como engatinhar, andar e segurar a colher para comer. É como se os meus mais de 15 anos de ministério, todos os cargos que exerci e cursos que fiz não valessem muito. Ele, realmente, não estava interessado em nenhum deles.

A MCM, onde trabalho, organiza, semestralmente, um intensivo que trata de Caráter, Missões e Adoração. Há pouco tempo, esse curso está sendo oferecido em três regiões diferentes do país. Isso era algo novo e desafiador para a nossa equipe. E mais: no término desse evento, estaríamos com outro grande desafio chamado Encontro de Pastores, que acontece, anualmente, em Caldas Novas.

Depois de muito trabalho, estávamos bem cansados. Mas, nos meus pensamentos, o foco era a logística do evento em Caldas Novas - GO. Não estava nem um pouco preocupada com a minha aparência física. Naquela ocasião, isso era apenas um detalhe. Iria me preparar como de costume. Se desse certo, tudo bem.

Mas, em um dos meus momentos de oração no monte, o Espírito Santo disse que era para me arrumar melhor e me falou o tipo de roupas que era para usar no evento. Ele sabia que estaria ocupada e teria que vestir jeans, para ficar mais cômodo. Mas estava me pedindo para me produzir e pôr vestidos à noite. Instruiu-me a me maquiar, colocar acessórios e cuidar melhor do cabelo. Isso, realmente, não estava nos meus planos.

Eu estava, então, organizando tudo o que meu setor faz, colocando livros no lugar, carregando forros de mesa, entre outras coisas, mas teria que ouvir a Deus e tirar um tempo para me produzir. Obedeci e, claro, todos da MCM notaram a transformação. Eu me cansava de sorrir, mas ainda não havia dito a eles o motivo de tanta produção, até porque também não sabia.

> *Mas passou a me cobrar que fizesse isso por dentro e por fora. Ele me acordava às quatro da manhã para orar e pedia que usasse brincos ou batom para trabalhar.*

Na Missão

Quando acabou o evento, acreditei que tinha passado na prova, pois havia obedecido. Foi quando o Senhor me pediu que continuasse me arrumando. Mas passou a me cobrar que fizesse isso por dentro e por fora. Ele me acordava às quatro da manhã para orar e pedia que usasse brincos ou batom para trabalhar. Passar batom em dias quentes de sol não era bem o que eu gostaria de fazer, mas fui obedecendo.

> *O Espírito Santo sabia que eu não queria fazer aquilo no frio. Ele estava cuidando de mim como uma criancinha*

No monte

Certa vez, estava orando, quando Ele me disse:
- Lave a cabeça hoje!
- Vou lavar amanhã e fazer escova! - respondi.
No mesmo instante em que terminei de falar, caiu sobre a minha

cabeça um bichinho pequeno, que chamamos de "Maria Fedida". O cheiro dos meus cabelos estava insuportável. Mal esperei para descer do monte e ir para casa lavá-los. O Espírito Santo sabia que eu não queria fazer aquilo no frio. Ele estava cuidando de mim como uma criancinha e me vi com birra para não obedecer.

Blusa de babadinho

Como sempre fui muito prática e básica, gostava de roupas que não precisavam passar e nada de muitos detalhes, que eu chamo de "frescuras". Mas ganhei uma camisete havia quase dois anos e ainda não tinha usado. Era muito bonita, azul de xadrez, com babadinhos brancos. Durante um banho, o Senhor me pediu que a usasse. "Trabalhar na MCM com blusa de babadinho de dia... Vou parecer o quê? E não gosto de roupas de pano. Prefiro de malhas!", pensei.

Reclamei um pouco, mas resolvi obedecer. Quando cheguei ao trabalho, a impressão era que todos estavam olhando para mim. Não estava à vontade. Mas, para a minha alegria, eles não observaram muito que a camisete estava cheia de babadinhos. Então, trabalhei o dia todo de uma quinta-feira e, na sexta-feira, viajei para um congresso em Goiânia. No domingo à tarde, quando encerramos essa programação, uma irmã me entregou uma sacola com quatro camisetes de pano, com bastantes detalhes coloridos. Glórias a Deus!

Passei a abrir mão de escolher o que gostava para usar o que o Senhor queria. Hoje, já me acostumei um pouco mais a colocar acessórios e me arrumar. Muitas vezes, até sinto falta de algo quando saio. Tenho um professor que me ensina como vestir, o que usar quando vou para a rua ou até mesmo em casa.

> *Será que Deus se importa com a nossa aparência física? Será que não se importa apenas com a nossa vida espiritual e o nosso caráter?*

Tudo novo

Quando me converti, tive a experiência de não usar mais as mesmas roupas de antes, pois não convinham com as vestimentas de uma cristã. Sou de Caldas Novas, uma cidade turística. Lá, é muito comum as pessoas saírem dos clubes com trajes de banho e passearem pelas ruas dessa maneira. Basta andar um pouco no local para ver as calçadas lotadas desse tipo de vestimenta e acessórios de todos os gostos para vender.

Eu me submeti a uma mudança no início da caminhada com Cristo, porque era lógico que precisava alterar o meu modo de vestir. Mas, depois de tantos anos como cristã, depois de dirigir e presidir igrejas, estava sendo ensinada em coisas pessoais, como colocar um brinco, passar um batom de dia, usar uma roupa com mais detalhes.

Será que Deus se importa com a nossa aparência física? Será que não se importa apenas com a nossa vida espiritual e o nosso caráter?

É por isso que estou dando detalhes de coisas comuns e rotineiras do nosso dia a dia. Quando me converti, deixei, de uma vez, a vaidade, me preocupando somente com o meu interior e a vida espiritual. Não era totalmente desleixada, mas ganhava muitos presentes e não usava, pois não tinham nada a ver comigo. O meu coração não está nessas coisas, mas agora entendo que Deus se importa se estou bonita, bem vestida e cheirosa.

O meu professor me diz assim: "Coloque aquele colar com tal vestido!" Na hora, não gosto muito. Mas, quando uso as roupas e os acessórios e vou para a igreja, percebo a reação das pessoas e recebo muitos elogios. Vejo que o Senhor entende também de moda, ou melhor, tem bom gosto. Estou aprendendo a não ter estilo e, sim, viver no estilo de Deus.

B) Amigo

"Eu rogarei ao Pai e ele vos dará outro Consolador, para que fique convosco para sempre, o Espírito da verdade, que o mundo não pode receber, porque não o vê nem o conhece; mas vós o conheceis, porque habita convosco e estará em vós. Não vos deixarei órfãos; voltarei para vós."

João 14:16-18

Esse texto nos dá a certeza de que o Consolador está conosco o tempo todo. O Senhor o apresenta como amigo, companheiro fiel. Não consigo imaginar Jesus indo embora e nos deixando sós, sem o Espírito Santo. Seria como se estivéssemos órfãos, como se houvesse nos abandonado. É muito difícil conseguir ver a nossa vida sem a sua presença.

"Naquele dia, conhecereis que estou em meu Pai e vós em mim e eu em vós."

João 14:20

Vale da Sombra da Morte

Certa vez, um jovem sofreu um acidente e ficou em coma por um longo período. Ele já conhecia o Espírito Santo. O tempo foi passando, as pessoas foram perdendo a esperança e chegou um momento em que precisavam desligar os aparelhos. Os médicos conversaram perto dele sobre o que precisavam fazer no outro dia. O que não sabiam era que o rapaz estava ouvindo tudo o que falavam, mesmo sem poder mover um músculo que fosse.

Naquele momento, a sua família e os conhecidos não poderiam estar ali. O jovem tinha apenas um companheiro fiel para todas as horas, que está onde os outros não podem estar e chega onde ninguém pode chegar: o Espírito Santo.

> *Esse amigo, a noite toda, sussurrou um versículo em seu espírito:*

"Ainda que eu andasse pelo vale da sombra da morte, não temeria mal algum, porque tu estás comigo; a tua vara e o teu cajado me consolam."

Salmos 23:4

No outro dia pela manhã, alguma coisa havia acontecido no seu coração, pois o medo tinha ido embora juntamente com a noite. Os médicos chegaram à sala, mas aquelas palavras eram vivas dentro do jovem. E, sem saber como, conseguiu se mexer. Os aparelhos não foram desligados, milagrosamente ele foi se recuperando e, hoje, ensina a todos que o seu "amigo" chega onde ninguém pode estar.

> *Podemos estar aflitos, perplexos, abatidos e abalados. É nesses momentos que se revela a nós dessa forma.*

C) *Intercessor*

É necessário conhecermos a pessoa do Espírito Santo como intercessor, pois, na maioria das vezes, é assim que Ele se apresenta. Na caminhada, é inevitável precisarmos de suas intercessões. Podemos estar aflitos, perplexos, abatidos e abalados. É nesses momentos que se revela a nós dessa forma.

Tendo essa consciência, entramos no quarto, banheiro ou qualquer lugar que se torne um altar secreto, oramos em línguas e deixamos que o Espírito Santo fale com o Pai por nós. E isso não da maneira que estamos - às vezes, até olhando para as nossas feridas, dores e temores - e, sim, do jeito correto. Ele sabe o que dizer.

"E, da mesma maneira, também o Espírito Santo ajuda as nossas fraquezas; porque não sabemos o que havemos de pedir como convém, mas o mesmo Espírito intercede por nós com gemidos inexprimíveis."

Romanos 8:26

> *Em uma dessas ocasiões, tive uma experiência em que o Espírito Santo intercedeu com gemidos inexprimíveis.*

Capítulo 4

O Espírito Santo em mim

Geralmente, quando vou a um ministério que não conheço, para levar uma mensagem, me retiro em um quarto e fico ali uma parte do dia ou o dia todo em oração e consagração, buscando o coração de Deus para aquele lugar. Em uma dessas ocasiões, tive uma experiência em que o Espírito Santo intercedeu com gemidos inexprimíveis.

Já havia usado todas as palavras que poderia para interceder por um povo, lugar e igreja. Quando comecei a orar em línguas, me veio um quebrantamento muito grande. O meu corpo começou a tremer, nos meus lábios surgiu outra oração, que sabia não ser minha. Entendi que era o Espírito Santo orando através de mim por aquele povo. Orava em línguas e, em seguida, pelo mesmo espaço de tempo, em português. Era como se falasse em profecia e eu mesma estivesse interpretando. Nunca entendi direito, mas não acredito que as coisas de Deus se discirnam naturalmente.

Quando cheguei ao ministério, preguei a mensagem que havia sido gerada em meu coração. Chamei a igreja e, então, orei alguns daqueles assuntos novamente, de acordo com o que vinha em meu espírito. Realmente, era o Espírito Santo intercedendo, pois eu não tinha nenhum conhecimento da situação que estavam vivendo. Ele, sim. Mesmo que não houvesse compreensão para mim, a igreja entendeu perfeitamente o que significavam aquelas orações. E todas se cumpriram em, no máximo, 15 dias.

O pecado que não tem perdão

"E a todo aquele que disser uma palavra contra o Filho do Homem ser-lhe-á perdoado, mas ao que blasfemar contra o Espírito Santo não lhe será perdoado."

Lucas 12:10

> *Aqui está o único pecado da Bíblia que não tem perdão... Pecar contra o Espírito Santo".*

Aqui está o único pecado na Bíblia que não tem perdão. Podemos pecar contra o Pai. Podemos pecar contra o Filho. Mas não podemos pecar contra o Espírito Santo. A palavra blasfêmia, segundo o dicionário informal online, significa "falar de uma coisa espiritual e indicar que é demoníaca, profanar algo santo".

Quando vemos alguma manifestação do Espírito Santo, temos que ter temor e cuidado antes de julgar. Mais: devemos analisar o que as Escrituras dizem em relação àquilo. Os próprios discípulos de Jesus, ao receberem o Espírito Santo, foram tidos como homens embriagados, quando estavam cheios da presença de Deus.

"Todos, atônitos e perplexos, interpelavam uns aos outros: Que quer isso dizer? Outros, porém, zombando, diziam: Estão embriagados!"

Atos 2:12-13

Cuidado ao criticarem alguma manifestação ou profecia!

Recebendo um presente

"Cumprindo-se o dia de Pentecostes, estavam todos reunidos no mesmo lugar. De repente, veio do céu um som, como de um vento impetuoso, e encheu toda a casa onde estavam assentados. E apareceram, distribuídas entre eles, línguas como de fogo e pousou uma sobre cada um deles. Todos ficaram cheios do Espírito Santo e passaram a falar em outras línguas, segundo o Espírito lhes concedia que falassem."

Atos 2:1-4

> *O maior presente que um ser humano pode receber é o Espírito Santo habitando dentro dele.*

O maior presente que um ser humano pode receber é o Espírito Santo habitando dentro dele. Estamos falando do Espírito de Deus – o mesmo que criou todas as coisas – fazendo morada dentro do homem. E é somente através dEle que podemos ser testemunhas de Jesus Cristo, tanto em Jerusalém quanto na Judéia, em Samaria e até os confins da Terra.

Nesse entendimento, como já mergulhamos em Deus e, agora, no Espírito Santo, no próximo livro, iremos mergulhar nos Dons Proféticos.

Falando em outras línguas

O falar em línguas opera de forma distinta para atingir fins específicos. Para entender o poder que há nessa prática, precisamos conhecer os tipos de oração em línguas. Eles são quatro: sem interpretação; com interpretação; como sinal para incrédulos; e intercessão com gemidos inexprimíveis.

"Porque o que fala em línguas não fala aos homens, mas a Deus; pois ninguém o entende; porque em espírito fala mistérios. Mas o que profetiza fala aos homens, para edificação, exortação e consolação. O que fala em línguas edifica-se a si mesmo, mas o que profetiza edifica a igreja. Ora, quero que todos vós faleis em línguas, mas muito mais que profetizeis, pois quem profetiza é maior do que aquele que fala em línguas, a não ser que também interpreta, para que a igreja receba edificação."

1 Coríntios 14:2-5

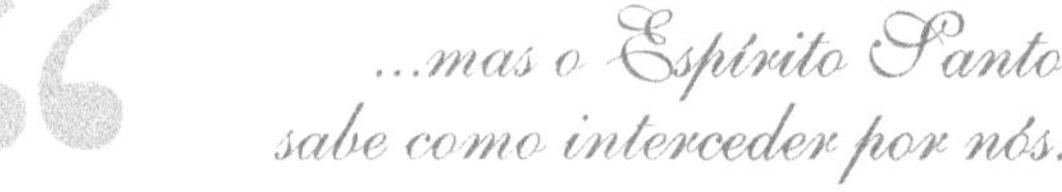

Oração em línguas sem interpretação: É para edificação pessoal. Não sabemos como orar, mas o Espírito Santo sabe como interceder por nós. Às vezes, é como se, no momento da oração, o nosso pensamento ficasse vago. Lembramos que na geladeira tem um pedaço de pizza, por exemplo. Nessa mesma hora, o Espírito Santo fala com Deus da porta que precisamos abrir ou as mágoas que precisam ser tiradas do nosso coração. É o espírito do homem se relacionando com o Senhor de forma pessoal.

Na prática inicial dessa manifestação, os primeiros minutos de oração são mais difíceis, pois começamos na carne. O pensamento inicial é que temos muitas coisas para fazer e estamos perdendo tempo. Mas é necessário continuar, mesmo que a mente não entenda nada.

Na verdade, não perdemos tempo e, sim, ganhamos. Mesmo que não tenhamos entendimento, está havendo edificação pessoal. Temos que perseverar e praticar a oração em línguas o tempo todo, quando estamos cozinhando, lavando, arrumando, no escritório, em casa e até mesmo no banheiro. Não precisamos estar exatamente de joelhos e separados para orar. Podemos fazê-lo quando queremos. Basta sermos batizados no Espírito Santo.

Oração em línguas com interpretação: Não é uma linguagem de forma pessoal e, sim, para a edificação da igreja, conhecida também como profecia. Ela é manifesta nos nove dons do Espírito Santo.

"Que fareis, pois, irmãos? Quando vos ajuntais, cada um de vós tem salmo, tem doutrina, tem revelação, tem língua, tem interpretação. Faça-se tudo para edificação. E, se alguém falar língua estranha, faça-se isso por dois ou, quando muito, três e, por sua vez, haja intérprete. Mas, se não houver intérprete, esteja calado na igreja e fale consigo mesmo e com Deus."

1 Coríntios 14:26-28

Oração em línguas como sinal para incrédulos: Pouco manifesta na vida da Igreja hoje em dia, mas muito conhecida pelas Escrituras Sagradas.

"Está escrito na lei: Por homens de outras línguas e por lábios de estrangeiros, falarei a este povo; e nem assim me ouvirão, diz o Senhor. De modo que as línguas são um sinal, não para os crentes, mas para os incrédulos; a profecia, porém, não é sinal para os incrédulos, mas para os crentes."

1 Coríntios 14:21-22

> *...quando falo em outras línguas,*
> *instantaneamente, entro em contato direto*
> *com aquele que criou todo o universo.*

Jesus revelou Deus como sendo Espírito. Ele disse que os que o adoram têm de fazê-lo "em espírito e em verdade" (João 4:24). E, quando falo em outras línguas, instantaneamente, entro em contato direto com aquele que criou todo o universo. E Ele me responde: "Sim, Nilce! O que foi, filha?" Sinto, no mesmo momento, uma paz vinda dentro do meu peito e a sua presença se manifesta em mim.

Intercessão com gemidos inexprimíveis: Esse tipo de língua dá ao crente o poder de interceder em causa própria, por seus familiares, por sua cidade ou por sua nação. É a profunda intercessão e gemidos do Espírito. Algumas pessoas, nesse processo de oração, sentem até mesmo dores, como de parto, por uma família ou região específica.

"E, da mesma maneira, também o Espírito Santo ajuda as nossas fraquezas; porque não sabemos o que havemos de pedir como convém, mas o mesmo Espírito intercede por nós com gemidos inexprimíveis."

Romanos 8:26

> *Nossa luta não é contra carne e sangue.*
> *O adversário não é o nosso irmão.*

Vencendo o próprio mal

Quando entramos em contato com Deus, através do falar em línguas, aquilo que não conseguimos fazer na força do braço, como perdoar, purificar, curar as feridas, acontece pelo poder do Espírito Santo. Através da sua graça, misericórdia e amor, percebemos, sem saber como, que os nossos sentimentos e pensamentos mudaram. Para isso, precisamos perseverar em orações e adorações. Nossa luta não é contra carne e sangue. O adversário não é o nosso irmão. São as raízes más que nos afastam de Deus e de sua santidade.

Tendo aprendido sobre a pessoa do Espírito Santo, vamos aprender sobre os seus Dons Proféticos, no próximo material. Que a graça, paz, misericórdia e bondade do nosso Senhor e Salvador Jesus Cristo esteja te acompanhando nessa caminhada a cada amanhecer.

Bibliografia

- Almeida, João Ferreira de. Bíblia Sagrada. Sociedade Bíblica do Brasil
- Falar em línguas – Luciano Subirá
- Mergulhando no Espírito – Pr. Eber – Ouvir e Crer

MERGULHANDO NO ESPÍRITO SANTO

* 9 7 8 8 5 6 3 6 7 3 7 1 8 *